Psychédéliques projections

Joh Hope

Psychédéliques projections

Poésie surréaliste

Recueil

Du même auteur

Sur Lulu.com, thebookedition, LelivreenPapier

« L'Antre-Nous, tome 1 », roman, 2022

« Confidentielle dissidence », recueil poétique, 2023

« D'ombre et de lumière », recueil poétique, 2022-2023

ISBN : 978-2-3225-0104-5

Avant-propos

« Il y a de ces êtres qui, par ce qu'ils sont, marquent les esprits au fer rouge.

Telle une lame de fond déferlant en votre for intérieur , vous pourrez simultanément leur vouer un amour passionné flirtant avec la folie, nourrir à leur encontre une haine féroce auto-destructrice ou encore même les mépriser au point d'en dégueuler vos tripes.

Par contre, jamais vous ne parviendrez, malgré tous vos efforts, à éprouver quelque indifférence que ce soit envers eux !

Mais... Et au final ? Ni pourquoi, ni comment... Juste un précieux gain : la rage de vivre ! »

Lautréamont ?

Énigme Atypique que la mort n'a point tue malgré son mutisme éthique

Gémine, tel un mâle au trot sur ma lune en tort, tout paradigme surréaliste

Puis l'achemine enfin sous son châle par mimétisme vers quelque paroxysme utopique

Où Lâche Mine note : « Mea Charismatique erre encore en taule, Magnétisme Naturaliste ! »

Quelle histoire leur chantre dualiste absolutoire ! Hasard ? Seth entre là quand l'Helléniste conte avec hermétisme :

« Tranche Absurde Syllogisme ! Ce mot de ton Autre Mal antagoniste à moult Antre d'Eux gestaltiste mord Symbolisme... »

Vers se mine depuis, Vermine l'incrimine: « Hello, trais à mon compte Aphorisme mais avale surtout en amont Euphémisme! »

Ô Fée, lies-tu donc ici Hamlet et Antigone sur le malthe égoïnant chaque négation hégémoniste dans le moindre analogisme ?

Ici-même sans craie, on checke Spire ancré devant cet autel échancré : Ô Désarroi Absolu, j'expire ailleurs maints mythes consacrés!

Sot Phoque, le loufoque, s'offusque pourtant Loup, déjà roi, suffoque : Âme ocrée pour lame nacrée écorne désormais sa cornée encrée...

Ô Nul Art, mate ce que Mantra ne lut peut-être jamais: « Rat, Mulot, Âne, soudain épris de ducasse, se virent ainsi concasser le crâne ! »

Tare, nue comme une carne au talon mature, incarne votre âtre, « Ça »! Nos dus se cassent-ils toujours outre pareille offrande, Filigrane ?

Aversion

Bien qu'ici encore, sans l'ombre d'un tiers doute, il hume « Hier »,

Soudain émus par moult éther Ô Mues, nous lûmes : « -Mi- erre ! »

Hé Ho, les mules ! C'est au Jour d'ouïr, pardi ! Jamais , nul ne l'eût mais...

Si dans quelque versatile « Ailleurs », toute Lumière déjà s'enfumait ?

Assez! Toi et Moi, alors sous ton toit, saisîmes Noeud, Anneau, Nym,

Là où certaines mûres noblesses eurent juste à en récolter ainsi le blé sûr :

Intime contre Impur égrené sur chaque mur grâce à ces hymnes anonymes...

Par tous tes murmures, Aigre Nez ! Cures-tu donc aussi Sécure Blessure ?

Au loin, Raie hèle Cigogne à l'arrêt, même Surréel luit : « Ré » vous cogne maints traits, quels rets !

Sacrées Érinyes! Louange plutôt leur bienveillante authenticité, non nos moindres méfaits...

Faut-il t'aimer ou braire ? Aucune faux ébréchée ne délie par défaut Ange Téméraire de Vrai Folie ;

Pourtant, Érin nie : « Bien! Veille, hante-la, bon sang ! Qui suis Cid malgré Ça ? Autant t'y citer, Impie ! »

Piètre Rodin ! Pour unique mea culpa éthique, Odin l'Authentique feint avec habilité, lui promettait Haine Néritique...

A présent, rôdent Intrinsèque Abnégation et son pair : « Version, intriquée comme un train, sait qu'- Ab- naît, Gars Sion ! »

Offense ? Chapeau bas, Pérégrin Borgne ! Deux corbeaux amers me lorgnent puis enfin, au pervers, narrent : « Scie – Sic- ! »

Ô Faon, ce tic-tac duplique mon mic-mac ! Conversion à taire ? Devant cette eau, Taon tique : « Pie atterre Aversion... »

Athanor

Dehors sous cet abismal mirador,

Encor en mal d'aurores indolores,

Mandragore, pécore létale sonore,

Déplore quelque primal décor-accord :

Son écho paie l'éclopé à vous écoper,

Ô Météores Omnicolores et consorts !

Omettez hors paix ce cador circonspect,

L'Homme nie ou édulcore tout Phosphore...

Folklore : Athanor en son for dévore nos
métaphores

Comme Mai mord mes torts à cor d'oxymore
retors !

Qui les commémore puis implore Thor, ténor de l'anaphore ?

Pérore donc jusqu'à pléthore tes mantras gores, Maldoror !

Alors ? Matamore, mentor trompe-la-mort, arbore score sans record

Mais explore d'amorphes amphores ou s'y déflorent vos remords ;

Anaxagore, malgré leur inconfort, honore chaque sémaphore...

Ô Picador, élabores-tu enfin ton essor après maints efforts ?

Kermesse en liesse

Naguère, Ô Spirites Doctrinaires, vous remîtes l'abécédaire aux ermites débonnaires : quel mérite salutaire !

Depuis, Termite Scripturaire parasite Élite Réfractaire ; dans son bréviaire illicite, nulle limite argumentaire...

Pépite Solaire médite sans commentaire autour de cette orbite révolutionnaire sanscrite pour braire Magritte.

Quand Miss Terre suscite Univers, nos mystères s'alitent mais leurs contraires cogitent ; l'an ferre ses redites !

Malgré sa frousse, Hardiesse Caricaturale repousse Prouesse Sculpturale contre ces frimousses en liesse conjecturale...

Particule Picturale glousse , Secousse Gutturale acquiesce : qui se trémousse sur ton faciès Ô Majuscule inaugurale ?

A ta cime, Tiers, tout noeud spartiate benjoin suffoquait : Rénégate Incendiaire offusquait Teenager, queue écarlate au poing !

Ne reniâtes-vous donc point vos tanières ratinées à la hâte par ses théières ingrates héritées d'un quelconque stigmate témoin ?

Arsouille souillera maintes mâtines ! Les ouilleras-tu Astreinte Clandestine ? Fallait-il que Fripouille éternisât ainsi notre trouille ?

Ici, Altesse Prophétesse confesse Princesse Pécheresse, Abbesse Enchanteresse dresse Diablesse Traîtresse et Maîtresse Faiblesse paresse

Là où Poétesse Vengeresse presse quelque morbidesse avec noblesse puis tresse moult justesse par-delà chaque richesse Ô Sagesse !

Aucune messe ne verrouille ma kermesse : carabistouilles ? Chatouille plutôt ma finesse, Andouille ! L'allégresse déjà gargouille...

Sous le lierre étreint, Intérêt Partiel perlait derrière Providentiel Dessein : réalisations ou quatrains solarisaient Abnégation près du pétrin !

A présent, Éréthisme Substantiel restreint Hermétisme Séquentiel comme boute-en-train subsidiaire : Éthérisme Potentiel y quiert mon refrain !

« Plus Tard », ému, se garde bien d'égard envers certains liens hagards déchus pour la plupart échus au gré de leurs hasards un rien confus...

Diable au cor

Malheur ? L'ex pille sans peine cette scène qui sans cesse le charrie.

Une pie naine épie sereine quelque mie obscène, lui assène-t-elle Vie ?

Stupeur ! La haine, serinée, y expie déjà son haleine malsaine.

Nom d'une pipe sûre, elle asphyxie bas laine et baleine à l'aine !

Lâche, l'aspie ruse dans les rues puis se tortille sous son châle...

Diable au cor ! Corps Pâle en guenilles lape le roc face aux porcs.

Perdu, ce prude gueux nie ses cors au coeur pour duper le mâle :

« Suture tout utérus en sueur pure repu jusqu'à l'usure par l'export ! »

Une gouaille peut-être ? Où qu'il aille, Râ caille malgré son chandail...

Plusieurs rats en tailleur raillent comme jamais son attirail vendeur !

Ces canailles pingres se chamaillent ses faveurs malingres : fureur ?

Hé Glandeur, empaille-moi illico cette ferraille derrière le soupirail !

Quelle pagaille ici ! Petit détail ? Traîtres, les vents se taillent ailleurs :

« Fuyez la patrie ! Hé toi, envoie paître l'épouvantail ! À tout à l'heure, P'tite Caille ! »

Là-bas, Racaille et Ouaille baillent encore devant un tel éventail racoleur ;

Leur marmaille à naître en fin de bail braille avec ardeur : « Consoeur, le chant d'ail ! »

Équivoque absurdité

Respire tes rimes et mime ton martyr extime que nous déglutîmes, ô Ultime Soupir !

Nulle flagrance passionnelle n'expira ni ne transpira jamais l'évanescence spirituelle,

La satyre dissémina ici chaque aura décimée par l'expérience factuelle, ô Non-Dire.

Au diable donc Fusionnel Enfer ! Un vautour amer laboure tout imaginaire instinctuel...

Quelle claque sémantique cet armistice ! A travers votre cloaque mythique, dionysiaque solstice,

Trottait avant hier ta foi claustrale acétique ô Cheval de Lumière à la fois mystique, fier et cynique.

Prière laconique d'antan : que les vents mythiques esquissent enfin ta crinière d'enfant atypique ! Délice poétique ?

À cran, l'évangéliaire épique tisse le rang , ses apôtres pathétiques hennissent ...

Autre déboire acoustique : les vôtres, agnostiques au soir, se vautrent sur ce couard agnosique.

Inquisitoire hérésie ! Qui dérobe à l'agonie l'ostentatoire indifférence te maculant ô robe éthique ?

Attention Fatidique Résignation ! Aucun sein n'étrique dans son écrin tes narcissiques déjections...

Déluge sarcastique, subterfuge euphorique ? Délation : « Aptitude gruge Solitude ! », juge Abnégation .

Turpitude ! Aux confins des écueils, ce con feint le deuil tel un bouffon sage au seuil de l'outrage.

Son écume ô Dissonance hume Dissidence ... Assume ta révérence ou plume à l'instance l'adage !

Par coutume, mon orgueil ci-bas se consume déjà : Recueil Posthume las s'effeuille sur le bitume.

Sainte Résilience me cueille à cru puis exhume maintes confidences : à l'oeil nu, nous le sûmes !

Ô Sculpteur indigète, ta main esthète effleure ce parchemin obsolète où y affleure Prophète Malin :

Philanthropique Inconstance convie Chaotique Défiance puis te magnifie ô Emblématique Alliance !

Ma guigne abstème persiste : l'Artiste blême consigne au matin quelque contorsionniste lendemain...

Miracle ! Efficience Équivoque tacle Conscience Loufoque sous le choc de notre réciproque confiance !

Ironie

Ô Paroxysmale sensation archaïque, si les éphories qualifiaient encore ta cornée de funeste hérésie

Quand Inéluctable Temps écorne déjà tes entrailles avec furie, tu t' en extirperais grâce à Phorésie !

Quels pitres ces insurrections frénétiques : Dogmatique Infamie morcelait maints répits,

Esprit Apatride dérapait ainsi contre Insolence sous tout souffle intermittent, ô Vent décrépit !

Ô Rivière Pourpre, quelque écume blanchâtre jaillirait-elle enfin sur l'inné en peine d'acquis ?

Aux antipodes coquins de l'Ailleurs, Plume inspirée exultait tant son euphorie sur moult maquis

Qu'elle fut aspirée par Philanthropique Ironie durant son exode dantesque tel un truand conquis !

Hilarité

Voûte étoilée quelque peu étiolée rode encore par-delà tout trèfle déjà craint quand son reflet doré cintra Corps-Accord ;

Avide, Aiglon Frivole évida chaque fier galion mais n'en dévia aucune frise vers Majestueuse Lune que Nulle Part importune !

Dans ce décor morose, Univers corde par instinct la moindre ecchymose mais ose pourtant l'osmose, Mot Rose au cor ;

As paie Aspect, teinte Entité Taciturne puis feinte une paix sauvage: il rompait tant son sceau qu'il y ceinturât Infortune !

Ô Tisserin, sur tes ailes enfin ployées la nuit, Sinistre Lacune unit Voix à Voie même si nul art ne fit cas du moindre canular,

Laie surgira de son éternel éther pour mieux y laper le lait qui perla malgré ta canule, rugiras-tu donc contre Hasard, hilare ?

Pudibonde, Altière Réalité se garde d'égard envers l'atelier où Mars apprivoise Farce Grivoise telle une garce vagabonde ;

Entre infâme liberté et fraîche famine, Belître fichera à l'envers regard sous mitre car vers, ici allégis hors sillage, abondent !

Mascarade

Saperlipopette! Guinguette en tête, les biquettes halètent encore sous ta houlette, Défaite !

Amulettes sur banquette, coquettes galipettes ? Une silhouette sans gourmette hoquette.

Béquetant cette moquette en barquette, Mouette Muette étiquette sa socquette blette.

Sornettes ? Braguette aux oubliettes, tes courbettes aigrelettes hébètent toute requête !

Quelle mascarade, Camarades ! Vos arcades, barricades crades, paradent par-dessus l'estrade ;

De sades salades dégradent ton Arc, Décade... Escalade ses cascades ou saccade ta charade ! Tocade ?

Par tous les rosaires, un sanctuaire! Userais-je donc ces suaires temporaires dans cette roseraie suicidaire ?

Naguère, nous moirâmes de noires âmes ce reliquaire sommaire, là où vos ossuaires y trayèrent nos ovaires !

Vite Épicure ! Telle une cucurbite tassée, l'écu obscur agite son orbite presbyte puis suscite les culs cure-bites... Assez !

Notre Mercure ? Subite piqûre, exit sinécure ! Ô Mites Insécures, vos mythes s'effritent... Qui en agate les pépites sacrées ?

L'adepte inapte adopte des préceptes ineptes, les profanes lèche-bottes adaptent leur concept du « pote-despote » ...

Une vanne ? Vote sans capote asticote l'épiglotte.. Un petit havane ? Hôte tes cottes sous la hotte puis rote, Cocotte !

Sainte Éthique

Toujours à la bourre, ce troubadour glamour :

Ah l'amour et ses débours... Quel parcours!

Quelque humour un tant soit peu balourd,

Laboure tes contours Ô Doigts de la Mourre.

Le jour, velours synthétique pour tout recours,

Un vautour déjà à court de bravoure concourt;

Sainte Éthique discourt encore sans détour

Comme un tambour sur ses couettes à court...

Hé Toi ! Courses-tu donc en cor aux alentours

Les sourds rebours dans ta chasse à courre ?

Qu'encourt le bourg en retour s'il se goure ?

Savoure : ni bonjour, ni secours...Au four !

N'importe quoi !

Sur les terres-à-taire mesquines ruisselait encore l'éther, nous les enquîmes sans le fer...

Toujours hors de tes gonds ? D'essaims vagabonds en desseins bougons, laisse-la donc faire !

Les sphères sagouines chuineront bientôt en vain face aux mines quelque peu chafouines ;

Seule Églantine, bédouine boudinée dans sa ganteline, te boude, Innée Ô Ingénue Génuine !

Ah ! L'été, nul répit pour ce pitre... Un geai couine, galbe sa bague, se bauge puis baragouine depuis sa geôle : Oh la frime !

Allaitait-il tout mime à ce bar à gouines unanimes dont l'éloge te mésestime, Cryptomyne ? Trime davantage tes rimes !

Dans le souffle d'un murmure, l'épi taffe déjà une clope sur mon épitaphe: une pie en cloque au taf l'épie sans relâche...

Loup, cal sur paume, tâte son poul à la hâte, sa poule lui cherche des poux à la loupe : « Par les eaux du lac, claque des os, Lâche! »

Canne-art au poing, Fée d'Hiver narre ce fait divers aux canards mais l'unique cane se marre à s'y rompre le crâne : « Quel âne cette carne ! »

Ici, un troll assez rock and roll agite sa banderole par-delà sa carriole : « Roc, haine, rôle... Que cuisent nerfs à vif sur tes charbons, Discorde ! »

Ô Démon Zen, ton monde amer rame dans cette mare, quel pied de nez aux naufragés de l'espoir ! Les âmes vagabondes désormais s'en incarnent...

Ta foi ? N'importe quoi ! A bout de foie, le nain porte ça: « Crois ! »... Misère, il corde ! Toute croix accorderait-elle l'aumône aux monocordes ?

Pro-vocation ?

Dès l'aube, Épine se grime avec peine, migre, s'escrime à l'impair: est-ce un crime opime ?

Kkôl sous contrôle et frémi d'aise, Saule urine, prime son imper, salue Aubépine puis frime :

« Magne, anime ta matinée, tapine ! Cet état mine É tamine la Magnanime qui, inapte, patine. »

Ô délice! Loin de la routine, des lys ouïrent Résine mégir une maxime légitime sous la bruine...

Surprise! Un cerf macère dans ma serre, ton serf festoie face à l'insert: sers-le ou fesse-toi !

Affamé, tu geins : « Ah Femme ! Es-tu toujours complice quand tout con plisse encore à jeun ? »

Déjà las ? Bande ! Joues hissées aux nues, on nique à nu l'abandonnique... Jouissez avec moi !

Chic ! Pro-vocation ? Laisse crocs sur chique ! L'escroc feint d'aiguisés « Tu-Elle » ? Hèle sa fin...

Soit ! Que les gens francs soient ! Comment ?
Tire, ris ! Faillis-tu devant ce « faux-gent » tire-
au-flanc ?

Hourra ! Le franc tombe enfin ! Minute Mutine,
cintrée, ruine ses calculs...Lui nuire ? Oh la
crétine !

Combien succombent à cette combine ? Incombe-
t-elle donc aussi à son cale-cul bien-pensant ?

Pagine un peu ! Jamais il ne lésine sur la tétine
sénile tintée par je ne sais quelle entité opaline...

Un temps pour Elle

Sertis sous une neige ignée,

Tes corps-accords grèges

Arpègent encore mes florilèges :

Ô Eugénie, te voilà ainsi reniée...

Sacrilège, quel cortège!

Ménage donc ce manège,

Ton siège lège de génie

Se les gèle déjà, ma Mie!

Ici, l'horloge plus que muette s'interroge,

Revêt en levrette sa toge intemporelle,

Déroge, abroge puis limoge son doge :

Gobera-t-il ce gode ? Un temps pour Elle !

Lointain tic-tac dans ce bric-à-brac,

Mes ailes se braquent, ai-je le trac ?

Ailleurs, là où tout « Hors-Lui » m'enrôle,

L'or s'y loge et luit par-delà les pôles...

Canular ?

Scandale ! Un lascar sacral sarcla en vain quelque récital atonal à l'article du clairet germinal.

Sa chorale lochera-t-elle ce choléra musical ? Malingre timbale... Décrochez-la à mon signal !

Mon ami râle : « Fallait-il donc que la mort laminât l'amiral astral dans sa fringale matinale ? »

De cabale en cavale, tu raclas ainsi tes sandales bancales mais vitales sur mon moral estival...

Ici, le prêcheur s'entiche encore du percheur : sa perruche postiche juche cette baudruche godiche...

Hé Nunuche ! Qui aguiche ma peluche gauchie ? Potiche, n'y chipote pas : ta paluche épluche ses barbiches!

Oh ! Quelle cruche ta greluche ! Elle huche ma pouliche, chine ses fanfreluches et les niche sous sa capuche !

L'embûche ? Non ! Ma biche fétiche s'autruche, chérit la triche dont les friches s'affichent: je trébuche...

Mais... Help ! Les pétales s'étalent sur l'étal létal, Zèbre zélé s'en cale royal : il hèle, décérèbre, enténèbre...

Même Protèle, à fond de cale, vertèbre son idéal, martèle ce mal puis pédale avec cautèle par-delà l'arantèle !

Comment ? Les tocards hilares et leurs avatars flemmards bêlent au canular ! Lardez-moi ce lézard funèbre !

Nul césar viral pour tes bobards, Rival ! Ne créas-tu point le sérac où se virent caser les réacs acres, races rebelles?

Ni rêve, ni trêve! Verge en grève, Grèbe revêt son béret acerbe, gerbe son proverbe terbe : ma berge cabrée se goberge.

Superbe parascève... Les vierges pubères, flamberge au vent, albergent grâce à notre sève maintes gamberges givrées!

D'une mégère émerge ce présage : « Devant une mare de cierges, la garce fait le rade, se marre, asperge le manuterge. »

Te pares-tu ? Petit Mars endève ! Un marse parse crève l'écran, sa farce embrève nos comparses : ta relève révèle l'ivraie...

Disgrâce

Ô Miséricorde, ton exorde m'encorde dans la discorde, décorne Morne Concorde.

Lord Hérod borde sa horde, t'aborde puis brode : « Encore de l'or qu'on saborde... »

Quel culot! Tu langes l'eau, clones cet enclos à huis-clos là où trônent nos bibelots !

Si tôt, l'angelot pâlot ouït ses grelos gloser tel un sanglot éclos sur son îlot forclos !

Mes dés ? Hé, j'ai des noix ! Médée ne peut m'aider, Égée se noit : I'm now alone...

Vaille que vaille, Corneille entaille ses racines mais Racine baille déjà aux corneilles ;

Anouilh se brouille, fouille sa propre dépouille, la souille : Antigone ? She's never gone !

Archimède me le concède : Andromède, remède létal contre toute spirale, s'émerveille...

Disgrâce ! En dépit de Molière, l'archange vermeil nage sous l'arche des Monts et Merveilles ;

Quant à ce démon affublé de molières, il s'éveille au monde : ici, l'arc donne le change à l'art !

« Baliverne, c'est assez ! », s'écrie ce nègre dont l'allure s'est tassée, le gosier assoiffé d'oseilles ;

Nos cernes, comme ces plages incrustées de cétacés entassés, bernent l'adage : « Au mitard ! »

Ai-je la berlue ? La houle, abajoue brûlée, hue cette foule incongrue ! Même l'élue se floue …

Coup de massue... Assume donc ! Ça coagule ta cagoule: sans issue, sa moue se mue en suies ;

Au large, une péninsule se targue... Hercule y largue son émule barge : incrédule, elle s'enjoue !

Tu me nargues ? Mais si je la rabroue, elle s'échoue ! Trop tard... Pygargue émarge, me tatoue: « Luis ! »

Ancrage

Damneras-tu son voltige quand la grive ivre par mégarde, vire hagarde

Dans cette mansarde où le givre la placarde telle une pancarte blafarde

Puis se fige, prodige, contre la rambarde-phare de tes mises en garde ?

Vertige ! Ça barde : mon archet châtre ta charte ; à la tâcher, il se hasarde !

La grêle déferle sur l'Atemporel, martèle l'Intemporelle, flagelle tout rebelle ;

L'Occasionnel et le Perpétuel se querellent sous ta passerelle, Ô Irrationnel !

Pourtant je le vois : Blanc Merle, frêle, lime ses vers dissidents, les emperle.

Zèle ? Le cheptel scelle tes ailes, Ô Pucelle Sans Cervelle : mon front en perle !

Sur tes cendres, Ô Calandre, un gendre engendre Misandre-Scolopendre,

Le raté taira l'esclandre, le raflé le flaira et scande : « Même le vent se dit art ! »,

Céphée réprimande Cétus mais appréhende la propagande à s'y méprendre...

Sais-tu ? C'est fait ! Méduse ruse, ses fées pétrifient « C » : hais-tu Muse, Regard ?

Suspendue dans l'effroi d'elle-même aux portes de l'abîme, dieu qu'elle m'aime !

Devenue proie étoilée, Cassiopée enfin dévoilée, blasphème en rimes son totem ;

Une voix lactée s'arrime ainsi à mes pensées pour me susurrer: « Vois, l'acte est ! »

Ce soir, face au miroir, je feuillette mon grimoire : te savoir ancre déjà ma vérité...

Potentiel

Horreur ! Les heures confuses errent encore recluses dans l'erreur...

Ici, là où rien ne fut, ni eux ni moi, l'émoi doigta l'être sans corps :

« - Et si, tout en finesse, l'église butait les dés-à-buser par aigreur ?

- Que l'Aigle en liesse,son rebut, lui lise donc des rébus et consorts ! »

L'Un sent, cible en vain sa propre vérité quand elle lui passa sous le nez,

L'abat-sourd dit alors sur un ton mélancolique : « Mais non, ce n'est pas ça... »

L'étranger, abasourdi, se vit ainsi mordre son remord face à l'indicible regret

Même si Cassandre muselée se lamentait déjà : « De ce pas franchi naîtra le ça ! »

Fallait-il à tout prix que tout narcisse rancisse à ce point ton écho hors-raison ?

Entre sommeil et soleil, comment encrais-tu leurs racines sur le Mont Aimé ?

Quant à Artémis, actait-on son possible attrait pour Actéon, l'inhibé infécond ?

Ce tri-âmes aux abois tenta le mépris : Tantale fit enfin de Caligula son allié !

Au loin, pétrifié dans l'ombre de six ifs, je distingue à peine mon Pote-en-Ciel...

Quelle calamité ! Sisyphe contra le moindre contrat avec mes futiles espérances ;

Pandore pondéra quelque peu la chute fatale : un paon se dore sous l'arc-en-ciel...

Si l'anse à nu imposait son trépas en préséances, où serait la nuance ? Chut, silence !

Soupir, méditation ... ou pire ?

Ô reste ! Dis,seras-tu là quand mon oeil béant se fixera sur le chaos au-delà du néant manifeste ?

Les serpents, tourment pour gage et faux serment, frôlent déjà mes racines : leurs manies m'infestent !

Langage-démence : Oreste, aux arrêts de rigueur, s'y engage comme l'Infante défiant Miss Confiance ;

Mais Toi, gagne-la via ce canal, apprivoise ma rancoeur en vertu de tous ceux qu'on fiance mal par déficience !

Malgré leurs biens à jamais confinés dans ces malles,

Les Saints-Hommes à l'affût dérouteront enfin le Mâle...

Mille dieux ! Voici encore ce trèfle accroc au verbe ! Brève poésie :

Il ravissait tant son génie que Thot érotisât si tôt

Aristote l'Impie !

Quelle folie ici ! De l'équivoque à l'impasse, les non-dupes errent.

Un des leurs, squame sous masque, se maque à Andromaque...

Triomphe ? Seul le manque dora Mère Féconde ! Sa foi ? A taire !

Soupir, méditation... ou pire ? L'Élégiaque Grand Autre me traque...

Au nom du pair

Diable,quelle incertitude ! Tapie dans l'ombre céleste, une clé de sol échaudée picole ;

Seul phare en son amnésie, L'hermite aveugle s'éclipse mais beugle : « Lis tes râtures ! »

Ses vers dictent le verdict : « Là...Vois ! Ça crée la voix sacrée, même sa craie en décolle... »

En amont du Grand Tout, Lucifer s'attend à Mammon grâce à ton aval Ô Littérature !

L'arc de Titus culbute belzébuth, Asmodée le sachant frauder lui soutient mordicus :

« Quand il n'élude pas, il élide : si tu le désires, situe son désir là où il s'y tue... Motus ! »

Pantois, un pair loquace lui réitère donc son nom : « Enfin parle, Etre Las... Sois ce - Nous- ! »

Par tous les transferts, pends-toi ! Au « non » du père, de face en fasse, la soie se noue...

Patience ! Allégorie flirte avec Fantasmagorie :
hais-tu pour autant l'artisan de ta folie ?

Décernons d'ores et déjà ce titre à Belphégor et
Léviathan,conquistadors à tes dépens...

Malgré leurs corps-désaccords, la paire sait
encore percer les fantasmes gores, s'y associe ;

Persée en fit aussi les frais sans ciller : toute mort
devient un tant soit peu leur alliée, va-t'en !

Les ressens-tu ?

Quel désastre ! L'illustre étoile pare, donne, hais :
Ô suis ton cours, Rage !

Est-ce pardonner ? Des astres illustrent les toiles
de soie en suie : courage !

Soudain un signe : sous la Lune Noire, Place aux
Cons Damnés, tu l'acquittas ;

Seul le cygne saoula, condamné par les gens de
Saturne : « Tue-là ! Quitte à... »

Décor ? Sang, sons, avoirs : Dame, exigeante, y
revêt son étole, se mire, lévite ;

« Des corps sans son savoir ? Exit gentes âmes,
en taule! », émirent-ils, « Et vite ! »

D'un oeil borgne, le deuil lorgna son valet en
grogne sur le Pont des Soupirs :

Valait-il tes cris, Talent banni, « À bas l'écrit
vain ! » ? Sûr... Lui pondait sous, pire !

Là, ici et maintenant, ton Essence mène à la tombe: les ressens-tu ces douleurs ?

« Tombe ou encense ! », tonne Minerve puis aphone : « -L'ère sans tu- sait, doux Leurres ! »

Posture

Si d'un geste capable, l'ironie te demandait encore l'aumône,

Un zeste coupable, l'absurdité t'abandonnerait à Perséphone !

Ma parole ! Tu pleures ? Pour l'heure, il l'effleure du bout des ailes…

Ce n'est pas mon rôle ! Sur son île, les fleurs dues boudaient-elles ?

Je ne sais pas ; quand bien même, ne suis déjà plus ! Tous ces pas…

Non ! L'Invisible cible l'Invincible, l'ongle rongé dans un angle mort,

Les piliers de ta Sagesse fanent ici ma quête : ô Absolu, quel trépas !

Ta posture me censure à tort, mon jour doigta sa nuit avec remord…

Ô Improbable Conscience, ton automne sécrète à genoux ce « Je-Nous »,

Là, sous tes tirs, l'Impensable Résistance s'étire, quelque regret se tire !

Et vous, Pensées Secrètes bercées d'humiliations, échappez donc au Fou :

Ici, l'indifférence dévore votre ignorance ; l'évidence en perd le nord, Sire !

Alter Ego ?

« Ô Firmament! », songe l'Infini, cet autrement ,

Ici bas, l'un finit, se ronge : « L'autre ment ! »

« À trop en faire... », s'enferre l'inmanquable émir ;

Par tous les enfers ! Est-ce un manque à blêmir ?

Au loin, le Père hoquette, somme la larme

Mais déjà, ses perroquets te sonnent l'alarme ;

A la bonne heure ! Les fleurs du soufre rance

Font danser les anses du bonheur : souffrances ?

Au trot, à tort et à travers, Demain se noue à l'univers ;

Qu'y vois-tu donc là ? Deux mains ? Ce « Nous » uni vers ?

Quand l'éternelle rengaine dégaine sur scène l'incertitude,

Les terres sacrées n'en élisent plus ton vertige, ô Solitude !

Réplique

Quand l'appât tique avec courtoisie sur leurs discours pathétiques,

L'apathique porc-épic accentue sans discrétion sa médiocrité héroïque

Via ses fanatiques porcs épiques dont l'accent tue toute éthique,

Leurs déjections narcissiques alimentant ainsi les latrines publiques...

Joker ! L'art pique à vif ces as de pique et leurs délires sémantiques...

Voyez-vous ? Vos chrysanthèmes ne sont plus anathème : enfin le déclic ?

Réplique quelque peu sarcastique, certes atypique ; jamais, je n'abdique !

Volte-face

Ta bicoque taillée à même ce roc t'escroque,

Que ne te défroques-tu point, ô Ventriloque ?

Les breloques baroques dont tu te toques

Estoquent ma coque en rauques loufoques !

Le marionnettiste dualiste aguiche l'illusionniste aliéniste,

L'humaniste utopiste te pastiche, ô Anarchiste Surréaliste...

L'artiste extrémiste s'entiche, l'exorciste fétichiste résiste,

Et les protagonistes dénichent à l'improviste l'alchimiste!

L'éphémère astique sa plénitude au moindre coût,

Le bouc émissaire esquive par habitude les coups,

L'Amer revendique son attitude, ensuite en découd,

L'Imaginaire ravive les solitudes nouées à son cou.

Si quelques paradoxes récusaient toutes absurdes élucubrations

Les sains hétérodoxes céderaient à l'instance l'intime conviction.

Soudain, Râ vira nos pensées, ébranla les pansés ;

Qui, à l'avenir, ravira nos panses et branlera l'athée ?

À l'heure où ses traits passent, les leurres trépassent ;

Sa race se harasse, elle le sait, criera nu-tête son volte-face

Ce qui,dans ses songes, s'écrira : « Tête-bêche la bête ! »

Une girouette à la diète s'épiette : quelle pirouette, Poète !

Maldonne

Cage sans âge et bavardages en otage,

La solitude fredonne maintes servitudes;

Cent pages d'un vieil adage pour bagage,

Sa mansuétude façonne quelque béatitude...

Le poète s'abuse, griffonne ses cafouillages,

Sa muse désuète lui entonne moult préludes ;

Nos ombres attisent déjà ces versatiles apanages,

Tes assuétudes aiguisent souvent mes aptitudes!

L'infante inféconde enfantait pourtant aux ténèbres ;

Maldonne ? La madone y agite encore l'épouvantail,

Lucifer vocifère : « Nul frein ni mors, ta folie s'y vertèbre ! »

Ici-même, l'opiniâtre bellâtre raille son énième éventail...

Spectrale éloquence

Ici, l'érudit précoce balbutie à peine extase mystique et insondable peine ;

Là-bas, la nantie mendie encore sa veine de mages en sages aux paroles vaines...

Dans cet « Ailleurs », sans trône ni sceptre, nos regards damnés, perplexes, se testent ;

Leur juste éloquence embaume tout spectre : seule ton absence rituelle, Ô Verve, l' atteste!

Perspectives à l'horizon : mirages, sang, angoisse.

Les mots en suspens y retiennent aussi leur souffle ;

Longues secondes inertes, plus aucune feuille ne se froisse :

Trêve encensée, serment insensé ? Le suspense époustoufle !

Esquisse

En vous, je m'égare

Ô Pensées étranges,

Sous une Lune avare

S'étiolent vos louanges...

Ciel! Un silence évocateur m'emmure...

Je ne puis en percevoir ses murmures ;

Les étoiles se grisent à l'infini au firmament

Transies par ces chaotiques chuchotements !

Soupir ! Quel calme insolent, je peste...

Une éventuelle tempête ? Ô la Peste !

Il me faudrait essuyer son avalanche

Pour humer ton parfum, Ô Revanche !

Réagis ! Sans blâme ni larme s'ancre une fébrile esquisse ;

Ô Crayon, mon unique arme, calque nos âmes complices :

Aucune vérité sans mystère ne vaincra ce défi solidaire !

Transparence

Le crépuscule muet agonise sur votre seuil

Quand sombre dans l'absurde tout écueil ;

L'ironie feint la résignation puis se recueille,

La peur grave ses maux par-delà chaque oeil...

Un voile sombre englue mes cils,

Mes paupières se closent, dociles ;

Ô Pendule, à vive allure, tu oscilles...

Alerte ! Les connexions s'amplifient :

Nos egos écument sans complaisance

Face à cette absolue intransigeance.

Ô Sempiternelle impasse, à qui en vouloir

Puisque nul ne détient le véritable savoir ?

Bouche-bée, je te retiens ô Souffle !

Variations utopiques, ô Apparences,

Une possession glauque, je camoufle...

Esclave ? J'exècre cette transparence !

Pro-Messe

Ô Prométhée, votre rancune est aisée,

Promettez donc quelque lune à Thésée,

Morphée et ses vertus pour salir son vainqueur

Comme Orphée s'évertue à sa lyre, ô vain coeur !

Si Eurydice, avec malice, tisse son supplice,

La novice se hisse vers le précipice : sacrifice...

Que se candissent ainsi en ces appendices,

Les spadices aux blandices profanatrices !

Quand Ovide scelle notre stèle au vide universel

Icare l'Éphémère y retourne brûler ses ailes...

Puisque l'histoire vexée ne se résigne pas,

Nos mémoires parent et signent nos pas !

Intemporelle Poésie

« Et soudain, un peuplier s'embrase :

Que ne puis-je t'offrir son encens

Tel cet or en bouquet de silence ? »

Poète bohème, surréelle phrase :

âme rebelle, coeur innocent,

Ô quel amour immense !

L' insatiable fulmine

Puis un mutisme divin...

En transe ?

Seule sa plume mutine

s'accroche en son sein...

Silence !

Une pluie salvatrice, quelque étincelle indécente :

Ici, gravissent enfin deux phénix aux abois

Toute abrupte, corrosive, inéluctable pente

Pour peut-être s'abandonner une ultime fois,

En toute liberté, à leurs premiers émois.

Souvent, ils renaissent de leurs cendres

Après s'être perdus dans moult méandres !

Ainsi, ensemble, ils découvrent le verbe « Aimer »

Qu'ils conjugueront en magnifiant le « Passé »!

Objection ? Diantre non !

Nulle abjecte question,

Au diable la frustration !

Notre unique guide ?

Quelque note ésotérique

Sous ton égide,

« L'Authentique » !

Ô Métaphore à contre-jour,

Déleste notre corps

Muet et sourd

Dans un parfait accord ;

Dessine-y tes contours sans détour,

Là où rime encore, jamais et toujours !

Toi seule libérera en nous l'« Intime » :

subtile transmutation, projection infime,

Ô émotion ...

Ô sensation !

Quand à Vous, Artistes androgynes latents

Qui encensez ci et là nos esprits errants,

Quel merveilleux présent,

Votre poésie d'un autre temps !

Ô je le conserverai, comblé,

Tel un trésor sur le déclin

Dans ce somptueux écrin :

Votre « Inaccessible Insensé »

Verrouillé sans remord aucun

Sur mon « Indéfectible Inné » ...

Irréversible fin,

Je ne suis plus un pantin !

Dédale

Écoeurée, tourmentée, anéantie,

Aliénée par cette tristesse infinie,

Petite Plume désinvolte et vagabonde

Demeure fidèle à son intime conviction

Lorsque ton sourire la sonde

Dans cette ultime provocation :

« Ô Emblématique Horizon Sauvage,

Renierais-tu à ce point ton empathie ?

Ce vent mercantile auquel tu t'allies

En deviendra son ultime sarcophage !

Plus tu t'obstines, plus elle dérive...

Vois-tu ? Elle gagne déjà l'autre rive

Emportée à travers ces flots amers ;

Quel délice pour ce torrent mortifère !

Instant fatidique, fulgurant foudroiement...

Inouïe déception ! Annihiles-tu ses émotions ?

Pire encore, t'en délecterais-tu avidement ?

Adieu Intarissable Source d'Inspiration ! »

Rejetée par la mer, piétinée impunément

Sous ton infime lueur, « Sinistre Lune »

Puis dévêtue de son plumage arborescent,

Elle jonche ton sol fertile, « Infortune » !

Qu'est-ce ? Sa carcasse exsangue, pardi !

Elle aguiche démesurément votre appétit

Ô Charognards Sans Vergogne Aucune ...

Pourquoi donc nul ne vous importune ?

Nausée ! Je dois à tout prix te vomir !

Comment ? Les miracles de la prières ?

Invoquer Satan et ses loyaux sbires ?

Dieu ! Tu es leur projection, ô Lucifer !

Je t'en prie Petite Plume,

Grave ta poésie, tes ultimes vers...

Ancre-les de ton sang à ce bitume !

A la clé ? Ces paradisiaques enfers...

Un sensationnel soupir,

Quelle étrange euphorie !

Serait-ce un pur délire ?

Oh non, il t'a ôté la Vie !

Une légère brume automnale

Titille tous mes sens en éveil.

Je hume des effluves létales,

Rien ne sera jamais plus pareil !

Cet encrier avide me paraît bancal...

Même si en lui, tu ne peux subsister,

Pourquoi donc t'y être ainsi enchaînée ?

Tant pis ! Ici, je détale, ô Piètre Dédale !

Parenthèse

Même s'il n'était point un héros,

Nul ne dicterait ses doux maux ;

Puisse donc quelque subtile devin

Défaillir en ses versatiles desseins !

Mais au seuil de cette transparence,

Qui oserait ainsi se griser sans fin

Pour y glaner ses infinies nuances

Et initier sa propre voie au dédain :

Parenthèse ouverte aux apparences,

Recroquevillée entre toutes ces mains ?

Ne vous faites aucune illusion,

Peu importe leurs prétentions ;

Elle colle à la peau, aux corps

Des vivants comme des morts !

L'innocence la plus souvent désavouée

Par trop de trains happés ou manqués

S'égare dans les stations sans quai

Telle chaque dissidence calfeutrée...

Quelle sarcastique feinte

Pour une énième défunte

Hissée sur un bastion glauque

Puisque son corps déraisonne

Animé grâce à ces voix rauques :

« Ô Macabre Possession, pardonne ! »

Jouissance

Je perdis foi en toi,

Je portai nos croix

Ô Seigneur,

Mon « Saigneur » !

Je te pensais

A jamais éteint,

Déjà j'imaginais

Une inexorable fin...

Après ton très long voyage

Dans le Royaume des Morts,

Tu me reviens avec rage ;

Conjure cet inéluctable sort !

Je me l'étais infligée

Durant ton absence,

Je ne pouvais supporter

Votre totale abstinence

Ô sentiments si intenses !

Sans cesse, tu me les procurais

Même si souvent, ils me torturaient...

Dès-à-présent,

De nouveau,

Ces battements ;

Quelques mots :

« Cognez si fort dans ma poitrine

Que puisse résonner votre écho ;

Au diable les amphétamines,

Soulagez ainsi tous mes maux ! »

Ô Coeur, nulle prétention ;

Seule ta présence suffit

Pour envahir mon esprit...

Une larme ? Vive l'émotion !

Ô regarde-moi !

Que suis-je sans toi ?

Un être sans voix...

Pitié ! Je m'égare :

Ni issue, ni voie...

Quelle funeste gare

Où se perd toute notion

À y vivre sans passion !

Puisses-tu donc me l'insuffler

Pour ce linceul, en enfer, brûler ;

Adieu macabre destinée

Par ces flammes étiolées !

Ô très chère âme-soeur,

Imagines-tu mes frayeurs ?

M'accrocher à ces leurres

Fut une méprisable erreur !

Je t'en prie, ne me quitte pas...

Quand mon esprit déraisonne,

guide-moi plutôt pas-à-pas !

Promis, juré ? Tu me pardonnes ?

Chut ! Hé Vous là-bas ! Ho silence !

Comment ? Ah ! Serais-je en tort ?

Quoi ! Me plier à votre insistance,

Amnistier vos défunts remords ?

Fou-rire ! Nulle complaisance

Envers toutes vos exigences ;

Jetez donc un oeil à vos corps,

Maîtres à penser et consorts !

Allez-y ! Il est grand temps...

Confrontez-vous à la vérité :

Ce que vous étiez antan

N'est plus votre réalité !

Les épitaphes sur ces tombes...

On y est, la pièce tombe ?

Bon, je me lasse... Hâtez-vous,

J'en deviens presque saoul !

Eureka, vous avez deviné !

A votre plus grand regret,

Par ma simple pensée,

Vous vous dématérialisez !

Quel comble ! Notre différence ?

Vous fustigez en vain votre évanescence

Tandis que j'accueille ma renaissance

Avec une telle ferveur, ô jouissance !

Sous influence

De journées sourdes en nuits aveugles,

Seul sous la lune muette beugle

Le Malin défroqué sous influence ;

L'imaginais-tu pour autant en transe ?

Ses pupilles dilatées se confinent

Au seuil d'une inéluctable errance

Parmi nos ombres assassines !

Hé Toi là ! Quel que soit ton nom d'emprunt ,

« Soleil Clandestin, Flamme sacrée ou Divin »,

Lesteras-tu donc son corps inerte au firmament ?

Sans après, ni promis ni juré, ô Talisman,

Détrône l'évidence dans ce chuchotement,

Ces quelques bribes d'amour convalescent !

Stupeur

Inspiration à fleur de peau : stupeur !

Sans passion, nul ne se leurre

Mais qu'advient-il de nos coeurs ?

Si stigmatiser nos erreurs

N'engendre que peur ;

Hélas, bien avant l'heure,

Déjà las, ils se meurent :

C'est à peine s'ils s'effleurent

Quand s'enlisent leurs pudeurs !

Que de vaines frayeurs

Pour un libre penseur

Avachi sur son labeur !

Au comble de la fureur,

Il y astique quelque valeur

Peu lui en importe l'aigreur.

Ainsi s'asphyxia toute candeur...

Index

D/2023/Joh Hope
ISBN : 978-2-3225-0104-5
Édition : BoD – Books on Demand, info@bod.fr
Impression : BoD – Books on Demand, In de
Tarpen 42, Norderstedt (Allemagne)
Impression à la demande
Dépôt légal : Septembre 2023